Além das cicatrizes
CICATRIZES QUE REVELAM MILAGRES

Editora Appris Ltda.
1.ª Edição - Copyright© 2024 da autora
Direitos de Edição Reservados à Editora Appris Ltda.

Nenhuma parte desta obra poderá ser utilizada indevidamente, sem estar de acordo com a Lei nº 9.610/98. Se incorreções forem encontradas, serão de exclusiva responsabilidade de seus organizadores. Foi realizado o Depósito Legal na Fundação Biblioteca Nacional, de acordo com as Leis nos 10.994, de 14/12/2004, e 12.192, de 14/01/2010.

Catalogação na Fonte
Elaborado por: Dayanne Leal Souza
Bibliotecária CRB 9/2162

M543a 2024	Menezes, Vanessa Além das cicatrizes: cicatrizes que revelam milagres / Vanessa Menezes. – 1. ed. – Curitiba: Appris, 2024. 57 p. ; 21 cm. ISBN 978-65-250-7056-8 1. Superação. 2. Fé. 3. Perdão. I. Menezes, Vanessa. II. Título. CDD – 248.4

Editora e Livraria Appris Ltda.
Av. Manoel Ribas, 2265 – Mercês
Curitiba/PR – CEP: 80810-002
Tel. (41) 3156-4731
www.editoraappris.com.br

Printed in Brazil
Impresso no Brasil

VANESSA MENEZES

Além das cicatrizes
CICATRIZES QUE REVELAM MILAGRES

Sauvé
EDITORA

Curitiba, PR
2024

FICHA TÉCNICA

EDITORIAL	Augusto Coelho
	Sara C. de Andrade Coelho
COMITÊ EDITORIAL	Angela Cristina Ramos
	Brasil Delmar Zanatta Junior
	Edmeire C. Pereira - UFPR
	Estevão Misael da Silva
	Marli Caetano
CONSULTOR AD HOC	Gilcione Freitas
SUPERVISORA EDITORIAL	Renata C. Lopes
PRODUÇÃO EDITORIAL	Adrielli de Almeida
REVISÃO	Cristiana Leal
DIAGRAMAÇÃO	Amélia Lopes
CAPA	Kananda Ferreira
REVISÃO DE PROVA	Bianca Pechiski

Além das Cicatrizes *é mais do que um livro, é um convite à transformação. Vanessa Vieira compartilha sua jornada de dor, superação e renovação, trazendo à luz um testemunho poderoso sobre como o amor de Deus pode curar as feridas mais profundas e transformar cicatrizes em marcas de vitória.*

Nesse relato inspirador, Vanessa revisita os desafios de sua infância difícil, o enfrentamento do câncer, as marcas deixadas por abusos, e as lutas contra a necessidade de aprovação. Através de cada capítulo ela nos conduz por um caminho de restauração, mostrando que cada adversidade enfrentada é uma oportunidade para experimentar o mover de Deus em nossas vidas.

Além das Cicatrizes *é um lembrete de que não somos definidos pelas nossas dores, mas sim pela maneira como permitimos que Deus nos restaure e nos guie rumo ao propósito que Ele tem para nós. Com palavras de esperança e fé, este livro encoraja homens e mulheres a não colecionarem histórias de dor, mas a testemunharem a vitória que surge através delas.*

Aceite o convite para essa jornada de fé e cura. Permita que as experiências e lições compartilhadas por Vanessa fortaleçam sua caminhada, renovem sua esperança e reafirmem que, em Deus, cada cicatriz pode revelar um destino glorioso.

AGRADECIMENTOS

Gostaria de expressar minha profunda gratidão a todas as pessoas e circunstâncias que tornaram possível a criação deste livro.

Este trabalho não teria sido possível sem o apoio, o encorajamento e o amor de muitos indivíduos e, acima de tudo, da graça de Deus.

Primeiramente, agradeço a Deus por Sua presença constante em minha vida, por Seu amor incondicional, que me sustentou em cada desafio, e por Sua graça que transformou minhas dores em propósito.

Agradeço ao meu amado esposo, Joéber, que tem sido meu pilar de força e apoio inabalável em todas as circunstâncias. Suas palavras de encorajamento e seu amor foram uma fonte de conforto e inspiração.

Agradeço à minha mãe, Luciana, por seu amor, seu apoio constante e sua sabedoria. Você sempre esteve ao meu lado, me guiando com seu exemplo e oferecendo seu amor e compreensão em todos os momentos da minha vida.

Aos meus amigos e amigas, em especial à Hosana, por sua fé e orações que motivaram meus dias. Aos amigos que compartilharam suas histórias, seus sorrisos e seus ombros nos momentos em que mais precisei. Suas palavras de ânimo e seu apoio foram fundamentais para minha jornada de cura e crescimento pessoal.

Aos profissionais de saúde que cuidaram de mim durante minha batalha contra o câncer, oferecendo não apenas tratamento médico, mas também apoio emocional e compaixão.

Aos líderes espirituais e mentores que me guiaram com sabedoria e discernimento, ajudando-me a fortalecer minha fé e a encontrar respostas nos momentos de dúvida.

Aos membros dos ministérios de dança e kids, com quem compartilho a alegria de servir a Deus. Vocês trouxeram leveza e alegria à minha vida, inspirando-me a continuar minha caminhada de fé.

Por fim, agradeço a todos os leitores que se permitiram entrar em minha história. Espero sinceramente que este livro possa oferecer esperança, inspiração e conforto a todos que estão enfrentando suas próprias lutas. Que todos nós possamos continuar a caminhar com fé, esperança e amor, confiando que o melhor de Deus ainda está por vir!

Com gratidão e amor,

Vanessa Vieira.

Este livro é dedicado a você que busca entender o profundo amor de Deus por cada um de Seus filhos. Saiba que você é amado e aguardado pelo Pai, não como obra do acaso ou um erro, mas como um filho(a) amado(a) de Deus. Cada testemunho compartilhado nestas páginas é um lembrete de que você carrega um propósito divino e uma missão única.

Que estas palavras fortaleçam sua fé e encham seu coração de esperança. Lembre-se das promessas do Senhor: "Porque eu bem sei os pensamentos que penso de vós, diz o Senhor; pensamentos de paz, e não de mal, para vos dar o fim que esperais" (Jeremias 29:11).

Você é precioso(a) aos olhos do Pai, e Ele tem planos maravilhosos para a sua vida.

Que esta leitura seja um encontro transformador com o amor e a graça de Deus, e que você sinta Sua presença em cada linha. Você é um milagre, um testemunho vivo do poder de Deus, e Ele te ama mais do que você pode imaginar.

Apresentação

Cicatrizes são marcas que carregamos ao longo da vida, muitas vezes invisíveis aos olhos, mas profundamente gravadas em nossa alma. Elas narram histórias de dor, de batalhas travadas em silêncio e de momentos em que nos sentimos à beira do abismo. No entanto, também são testemunhas de algo muito maior: a nossa capacidade de resistir, superar e encontrar propósito em meio às tempestades.

Além das Cicatrizes nasceu do desejo de compartilhar com você o poder transformador do amor de Deus, que não apenas cura, mas dá sentido às nossas cicatrizes. Este livro não é apenas sobre o que vivi, mas sobre o que você pode viver ao entregar suas feridas ao Grande Médico, que tem um plano perfeito para cada um de Seus filhos.

Aqui, você encontrará relatos sinceros da minha jornada pessoal — das dores da infância difícil, passando pela luta contra o câncer, até os desafios de perdoar e seguir em frente. Mas acima de tudo, encontrará um testemunho vivo de que não somos chamados para ser vítimas das circunstâncias, mas soldados de Cristo, destinados a vencer.

Cada página é um convite para você refletir sobre suas próprias cicatrizes e descobrir como Deus pode usá-las para revelar o destino que Ele preparou para você. Este livro é para todos que precisam de uma palavra de esperança, que anseiam por uma nova perspectiva sobre a dor e que estão prontos para viver além das cicatrizes.

Com gratidão e fé, compartilho esta jornada com você, acreditando que, assim como eu, você também pode transformar suas cicatrizes em marcas de vitória.

A autora

Sumário

Capítulo 1
O peso das expectativas 15

Capítulo 2
Adolescência e busca por aprovação 18

Capítulo 3
Vida adulta e a continuada busca por validação 23

Capítulo 4
A distância da verdadeira felicidade 28

Capítulo 5
Encontrando força nas adversidades 32

Capítulo 6
O amor incondicional do pai celestial 36

Capítulo 7
Abraçando a verdadeira identidade 41

Capítulo 8
Curando feridas profundas 45

Capítulo 9
Encontrando propósito na vida 50

Conclusão
Reflexões finais e mensagem de esperança e continuidade 54

Sobre a autora 57

A cada passo que damos em direção ao propósito de Deus, maiores são as tentativas de Satanás para nos desviar. Mas lembre-se: com Deus ao nosso lado, somos invencíveis.

(Vanessa Menezes)

CAPÍTULO I

O peso das expectativas

Desde os primeiros dias da minha vida, as cicatrizes têm sido companheiras constantes, moldando minha jornada de maneiras inesperadas. Recordo-me vividamente dos dias sombrios da infância, nos quais a inocência foi brutalmente roubada e a confiança, quebrada. Dos 3 aos 5 anos, suportei um abuso que deixou marcas profundas na minha alma.

As lembranças eram como fragmentos afiados de vidro, perfurando minha mente, cada uma mais dolorosa que a anterior. Eu tentava afastá-las, enterrá-las em um canto escuro da mente, mas elas sempre ressurgiam, assombrando-me como fantasmas indesejados.

O peso das expectativas dos outros era esmagador. Sendo apenas uma criança, passei por inúmeras casas, suportando abusos de todas as formas, tanto verbais quanto físicos. Enquanto crescia, sentia-me constantemente pressionado a atender às demandas dos pais, da sociedade e da minha própria voz interior, que sussurrava incessantemente sobre minha inadequação e falta de valor. Meu lar na infância era uma sombra do que deveria ser, permeado por necessidades constantes, sem paz, amor ou até mesmo a presença de Deus.

Essas cicatrizes também se manifestaram nos desafios enfrentados na escola. Enquanto lutava para encontrar meu lugar no mundo, as expectativas dos outros pesavam sobre mim como uma âncora, ameaçando me arrastar para o abismo a cada passo. Cada teste, cada nota baixa, parecia confirmar minhas piores suspeitas sobre mim mesma, alimentando o ciclo de autodúvida e insegurança.

As palavras cruéis que recebia dentro do meu lar, chamando-me de lixo, de inútil, ecoavam em meus pensamentos, penetrando meus sonhos. Por anos a fio, eu as aceitei como verdade. Foi então que, na adolescência, construí uma muralha ao meu redor, nas ruas, entre amigos, criando uma falsa realidade sobre minha família, inventando histórias de presentes e experiências que nunca tive.

Aos 16 anos, durante um retiro de jovens, algo extraordinário aconteceu. Encontrei-me com Deus. Para mim, os retiros eram eventos comuns, divertidos, mas naquele momento percebi que Deus tinha um plano para mim além das sombras do meu passado. Foi nesse encontro que a luz começou a penetrar as trevas, apontando para uma jornada de cura e renovação que eu jamais poderia ter imaginado.

Por um tempo, pude desfrutar dessa maravilhosa sensação, como se meu coração e minha mente fossem transportados para um lugar de paz e felicidade constante. Lembro-me, como se fosse hoje, do início do meu caderno de sonhos. Foi ali que tudo começou. Até hoje, mantenho o hábito de escrever, mas não em notebooks, e sim em cadernos. Essa é uma das formas mais autênticas de expressar meus sentimentos.

Saber ouvir aqueles que são mais sábios que nós não é sinal de fraqueza, mas de humildade. Assim como Jesus ensinou através de parábolas e conselhos, aqueles que foram humildes para ouvir viveram e experimentaram experiências extraordinárias.

(Vanessa Menezes)

CAPÍTULO 2

Adolescência e busca por aprovação

A adolescência é um período de descoberta, de crescimento, mas também pode ser uma época de grandes desafios e turbulências. Para mim, aos 16 anos, a vida parecia uma batalha constante, cada dia trazia consigo novas dores e dificuldades.

Vivendo em um ambiente no qual a agressão era uma presença constante, em casa, eu me refugiava nos amigos, na busca desesperada por amor e aceitação. Encontrei-me presa em um relacionamento abusivo, no qual as palavras de carinho eram muitas vezes mascaradas pela violência física e emocional. Na minha ingenuidade, confundia o controle e a possessividade com amor e acabei mergulhando ainda mais fundo nesse ciclo de dor e destruição.

Foi nesse ambiente tóxico que fui apresentada às drogas. O álcool e as substâncias entorpecentes ofereciam uma fuga temporária, uma maneira de amenizar a dor que me consumia por dentro. Porém, o que eu não percebia na época era que, ao buscar alívio nas drogas, estava apenas afundando mais profundamente no abismo do vício e da desesperança.

Minha vulnerabilidade aumentou quando comecei a comercializar drogas, inicialmente justificando como uma questão de sobrevivência, mas secretamente desfrutando do senso de importância e valor que isso me proporcionava. Então, um incidente terrível quase custou minha vida, quando meu então parceiro me agrediu violentamente, deixando-me sem poder falar e andar por dias.

Essas experiências dolorosas me confrontaram com a sensação de que tudo estava perdido, mas um raio de esperança surgiu numa tarde inesperada. Um missionário, amigo próximo da família, visitou-me. Ao me ver naquele estado, ele não conteve as lágrimas. Sentado ao meu lado, disse com ternura: "Um dia, você contará seu testemunho para muitos, e eles serão curados". Em seguida, orou por mim antes de partir.

Foi essa centelha de esperança que me guiou para fora das sombras e em direção a uma jornada longa de cura e renovação. Cada palavra daquele missionário ecoava em minha mente, alimentando a chama de esperança que ainda ardia dentro de mim. Apesar das cicatrizes físicas e emocionais, eu sabia que havia uma luz no fim do túnel, uma possibilidade de redenção e transformação.

Mesmo nascida em um lar complicado, no qual questões emocionais e familiares se entrelaçavam, minha fé se tornou um pilar crucial para enfrentar as adversidades desde cedo. A experiência de lutar contra os efeitos emocionais desses traumas me mostrou a importância de encontrar segurança e conforto na presença de Deus.

No breve período em que fiz uso de entorpecentes como uma tentativa equivocada de escapar da dor e confusão, foi que a presença e orientação de pessoas, como o missionário Joelson, se tornaram fundamentais. Ele não apenas me acolheu em momentos de desespero, mas também investiu tempo e energia em aconselhar e orientar meu caminho, mesmo quando eu vacilava.

Mais para uma adolescente que está passando por essa transição de ambiente e principalmente de mentalidade, existe o desafio de se encaixar nos padrões sociais como escola, amigos e família. Ainda que nos anos 2000 não tivessem as redes sociais tão influentes na vida dos adolescentes e jovens, a necessidade de equilibrar minha fé com a pressão por conformidade muitas vezes me deixava em conflito, mas também me ensinou a buscar autenticidade em minha relação com Deus e comigo mesma.

A influência positiva de pessoas como o missionário Joelson, amigos cristãos e pastores foi transformadora. Eles não apenas me mostraram que havia esperança e um caminho de redenção, como também estiveram ao meu lado, guiando-me em processos dolorosos e decisões difíceis. Missionário Joelson, com seu jeito acolhedor e sábio, compartilhava histórias de superação e fé que tocavam profundamente meu coração. Suas palavras eram como bálsamo para minha alma inquieta, e seu exemplo de vida me inspirava a continuar firme na minha caminhada cristã, mesmo quando tudo ao meu redor parecia desmoronar.

Lembro-me de uma tarde em que, sentada em um banco do parque, desabafei com ele sobre as lutas que enfrentava na escola e em casa. Joelson me ouviu com paciência e, ao final, disse algo que nunca esqueci: "Vanessa, Deus nunca nos prometeu uma vida sem dificuldades, mas Ele nos prometeu estar conosco em cada passo. Sua fé será sua fortaleza". Aquelas palavras se tornaram um refúgio para mim. Cada vez que me sentia sobrecarregada, repetia para mim mesma que minha fé seria minha fortaleza.

Com o tempo, comecei a perceber que as dificuldades que enfrentava eram, na verdade, oportunidades para fortalecer minha fé e minha identidade em Cristo. Aprendi a ver cada desafio como uma chance de crescimento espiritual e pessoal. A busca por autenticidade, embora difícil, me levou a um lugar de profunda conexão com Deus e a uma autoconfiança que nunca havia experimentado.

A jornada não foi fácil, mas, com a orientação de pessoas como o missionário Joelson e a constante presença de Deus em minha vida, consegui superar muitos obstáculos. Assim, a adolescente que uma vez lutava para se encaixar encontrou força e propósito em sua fé, descobrindo que a verdadeira liberdade vem de viver uma vida autêntica e centrada em Deus.

A influência positiva de pessoas guiadas por Deus com seus testemunhos de vida e superação eleva nosso nível de fé.

UMA MENSAGEM DE ESPERANÇA

Na juventude se aprende a lidar com o sofrimento e a ser paciente, como nos ensinam Lamentações 3.27 e 1 Pedro 5.5-6. Prefira as boas companhias, como nos aconselha Provérbios 1.10. Lembre-se também de que Deus acolhe e perdoa quem se arrepende, conforme nos conforta o Salmo 25.7. Encerro o capítulo transmitindo uma mensagem de esperança para os jovens atuais, enfatizando que é possível superar desafios, encontrar força em Deus e construir uma identidade firme mesmo em meio a um ambiente familiar complexo e pressões sociais intensas.

Não importa quão profundas sejam as cicatrizes, a graça de Deus é ainda mais profunda. E é essa graça que nos capacita a seguir em frente, a perdoar, a sermos curados e a viver plenamente na identidade que Deus nos deu.

(Vanessa Meneses)

CAPÍTULO 3

Vida adulta e a continuada busca por validação

A transição para a vida adulta é um momento repleto de novas responsabilidades e decisões cruciais. Como uma jovem mulher cristã, esse período também foi marcado por desafios internos e espirituais que moldam minha identidade e trajetória.

Ao deixar a adolescência, me vi diante de escolhas significativas que influenciariam meu futuro. Essas decisões incluem a escolha de uma carreira, a busca por independência financeira e a formação de relacionamentos adultos. Cada escolha traz consigo um peso, e muitas vezes a pressão para tomar a decisão "certa" pode ser avassaladora.

Durante esse processo de escolha de identidade, enfrentei minha primeira perda, no dia 20 de junho de 2010, quando faleceu minha avó. Naquele momento, pude sentir a dor e o sentimento de retrocesso acontecer. Além de perdê-la, perdi também o lar. Eu me vi sozinha e sem possibilidades, fui engolida por um misto de sentimentos e transportada para um mar de péssimas decisões. Uma dessas decisões foi ir morar com um amigo de infância para não ficar sozinha. Quando percebi, estávamos vivendo como casados. Eu já não ia mais à igreja e vivia uma opressão; ele não era mais um bom rapaz, tinha se tornado agressivo. Não trabalhava e vivia na rua, mas sempre ligava para meu serviço para saber a data e o valor do meu pagamento, e eu tinha que lhe dar todo meu pagamento.

Certo dia, voltando do meu trabalho, encontrei uma amiga no ônibus que me convidou para visitar a igreja onde ela congregava. Eu fiquei muito feliz com o convite e aceite. Já fazia um mês que estava indo à igreja e participando de todos os cultos. Tinha voltado a escrever no meu caderno, sonhando em viver novamente uma experiência com Deus. Então, em um domingo, enquanto estava fazendo almoço, lembro como se fosse hoje, ele saiu do quarto com minha Bíblia e começou a rasgar as páginas. Seu rosto estava completamente transformado; nunca o tinha visto daquela forma. Ele começou a cuspir na Bíblia e em mim. De repente, senti uma pressão no meu rosto. Quando vi, estava coberta de sangue. Ele não parou de me agredir até que desmaiei.

Quando comecei a recuperar os sentidos, pude ouvi-lo ao telefone, se despedindo de sua mãe. Ao desligar e perceber que eu estava acordada, me levantou e, ainda me agredindo, disse que me mataria e se mataria em seguida. Os vizinhos, percebendo uma movimentação diferente, começaram a bater no portão, me chamando. Quando ele ouviu, tentou fugir em sua moto, mas a polícia estava na frente da casa, e ele foi preso.

A Lei Maria da Penha tinha acabado de entrar em vigor. Nesse processo doloroso e vergonhoso, Deus usou uma senhora na delegacia. Enquanto eu esperava para fazer o exame de corpo de delito, ela se aproximou de mim na sala de raio X e me disse: "Para cada dia de vergonha, o Senhor trará dupla honra. Você vai ficar bem". Eu não estava pensando direito e não consegui responder nada na hora. Fui entender aquele versículo alguns anos depois.

As cicatrizes emocionais do passado não desaparecem com a chegada da vida adulta. Na verdade, muitas vezes, elas se tornaram mais evidentes à medida que novas experiências trazem à tona antigas dores. Essas cicatrizes, caso não tratadas mediante o perdão em Cristo Jesus, podem surgir de diversas fontes: traumas familiares, relacionamentos abusivos ou desafios pessoais que muitas vezes testaram minha fé e resiliência.

Enquanto eu processava o que havia acontecido e me recuperava fisicamente, comecei a perceber que a verdadeira batalha não era apenas contra as circunstâncias externas, mas contra as feridas internas que tinham sido reabertas. Cada insulto, cada golpe, parecia ecoar as rejeições e perdas do passado, intensificando meu sofrimento.

Foi nesse ponto mais baixo que minha fé começou a ser renovada. Voltar à igreja e me reconectar com Deus se tornou uma âncora em meio ao caos. Aquela palavra de encorajamento na delegacia, que inicialmente parecia apenas um consolo distante, começou a ganhar um novo significado. A promessa de dupla honra para cada dia de vergonha começou a ressoar no meu coração. Decidi que não permitiria mais que as circunstâncias definissem minha identidade. Em vez disso, permitiria que a minha fé em Deus moldasse quem eu era. Comecei a me dedicar mais à leitura da Bíblia, à oração e à busca por orientação espiritual. Com o tempo, essas práticas fortaleceram minha alma e renovaram minha mente.

Lentamente, comecei a reconstruir minha vida. Mudei-me para um lugar seguro e busquei apoio em amigos e na comunidade da igreja. A jornada não foi fácil; houve muitos dias de lágrimas e dor, mas, a cada passo, eu sentia a mão de Deus guiando-me e curando-me.

Os meses se transformaram em anos, e as cicatrizes, embora ainda presentes, começaram a contar uma história diferente — uma história de resiliência, de redenção e de um amor inabalável que somente Deus pode oferecer. As experiências dolorosas não foram apagadas, mas foram transformadas em testemunhos de vitória. Percebi que cada desafio superado era uma oportunidade de crescer mais forte na fé e de ajudar outros que estavam passando por situações semelhantes. Minha vida começou a refletir a verdade de que, apesar das cicatrizes, há beleza e esperança no caminho da redenção. Hoje, olhando para trás, vejo como Deus usou até mesmo os momentos mais sombrios para me moldar e me preparar para o propósito que Ele tem para mim. As cicatrizes são lembranças de onde estive, mas não definem onde estou indo. Elas são marcas de um passado superado e de um futuro cheio de esperança e possibilidades.

IMPACTO DAS CICATRIZES EMOCIONAIS

A busca por validação é uma consequência natural dessas cicatrizes. A necessidade de ser aceita e amada pode nos levar a buscar aprovação em lugares errados ou a conformar-se com padrões que não refletem nossa verdadeira identidade em Cristo. Efésios 2:10 nos lembra de que "somos feitura dele, criados em Cristo Jesus para boas obras, as quais Deus preparou para que andássemos nelas". Essa verdade poderosa oferece uma nova perspectiva, nos ajudando a ver nosso valor e propósito pelos olhos de Deus.

O processo de cura dessas cicatrizes envolve um caminho de autoconhecimento e entrega. Por meio de aconselhamento, oração e apoio comunitário, aprendo a confrontar minhas dores e permitir que a graça de Deus transforme meu sofrimento em força. Filipenses 4:13 afirma: "Posso todas as coisas naquele que me fortalece". Essa força divina é essencial para superar as cicatrizes do passado e avançar com confiança na vida adulta.

A jornada para a vida adulta é um período de crescimento, desafios e descobertas. Meu aprendizado foi intenso, mas muito importante, pois me ensinou a tomar as decisões. Mesmo nas circunstâncias mais difíceis, ore e entregue ao Senhor. "Porque eu bem sei os pensamentos que eu penso de vós, diz o Senhor; pensamentos de paz, e não de mal, para vos dar o fim que esperais. 12 Então me invocareis, e ireis, e orareis a mim, e eu vos ouvirei. 13 E buscar-me-eis, e me achareis, quando me buscardes com todo o vosso coração." (Jeremias 29: 11-13). Minha história é um testemunho de resiliência e fé, inspirando outras a também encontrarem cura e propósito em meio às adversidades.

Em Deus, encontramos a força para enfrentar nossas fragilidades. É n'Ele que lançamos nossos fardos e recuperamos o amor próprio que as circunstâncias da vida nos tiraram. Quando mergulhamos na graça de Deus, somos renovados e capacitados a enxergar além das cicatrizes, encontrando em nosso interior um valor que nunca se perdeu. Através d'Ele, aprendemos a amar a nós mesmos novamente, sabendo que somos preciosos e amados incondicionalmente. Aceite o mover que Deus está fazendo em sua vida e permita-se ser restaurado.

(Vanessa Menezes)

CAPÍTULO 4

A distância da verdadeira felicidade

À medida que avançava na vida adulta, um sentimento persistente me acompanhava: a sensação de que a verdadeira felicidade estava sempre fora do meu alcance. Mesmo envolvida na igreja e cercada por uma comunidade de fé, lutava com um vazio interno que parecia insaciável. Esse capítulo aborda minha luta pessoal com a aprovação e a descoberta da necessidade de amor próprio.

O CÍRCULO VICIOSO DA VERDADEIRA APROVAÇÃO

Desde jovem, busquei aprovação. Queria ser vista, reconhecida e amada, acreditando que a validação externa poderia preencher minhas lacunas internas. Participava ativamente das atividades da igreja, envolvia-me em ministérios e buscava ser a "boa cristã" que todos esperavam. No entanto, essa busca incessante por aprovação se tornou um círculo vicioso.

A cada reconhecimento que recebia, sentia uma satisfação momentânea, mas logo a necessidade de mais aprovação surgia. Era como beber água salgada: quanto mais bebia, mais sede sentia. Essa dinâmica gerou uma dependência emocional, que, ironicamente, me afastava da verdadeira fonte de contentamento: minha relação íntima com Deus.

Percebi que a busca por aprovação não era apenas uma questão de ego, mas um reflexo de minhas inseguranças mais profundas. Precisava confessar minha fragilidade e buscar cura, mas o medo do julgamento me impedia de ser vulnerável, mesmo dentro da comunidade cristã. Esse silêncio sobre minhas lutas internas perpetuava o ciclo de busca por validação.

RECONHECENDO A FALTA DE AMOR PRÓPRIO

Foi somente quando cheguei ao fundo do poço emocional que comecei a reconhecer a raiz do meu problema: a falta de amor próprio. Percebi que, sem me amar e me aceitar como Deus me criou, nenhuma quantidade de aprovação externa seria suficiente. A Bíblia fala sobre amar ao próximo como a nós mesmos (Mateus 22:39), então como poderia amar verdadeiramente os outros se não conseguia amar a mim mesma?

Esse reconhecimento foi doloroso, mas necessário. Comecei a entender que meu valor não vinha das opiniões dos outros, mas de quem sou em Cristo. Salmo 139:14 declara: "Eu te louvo porque me fizeste de modo especial e admirável. Tuas obras são maravilhosas!". Comecei a meditar nessa verdade, permitindo que ela penetrasse em meu coração e curasse minhas feridas.

Iniciei um processo de autoconhecimento e cura que envolvia confrontar minhas inseguranças, confessar minhas fraquezas e buscar ajuda. Mediante oração, aconselhamento e estudo da palavra, aprendi a valorizar minha identidade em Cristo e a desenvolver um amor-próprio saudável. O primeiro passo é o mais difícil, reconhecer que precisamos de cura. A Bíblia nos diz, em 1 João 1:9, que precisamos confessar. Quantos líderes cheios de conhecimentos e testemunhos impactantes não conseguem romper seus ministérios por orgulho ou medo de parecer fraco, mesmo quando a Bíblia nos respalda dizendo: "quando estou fraco, então é que sou forte". Minha jornada revelou que a distância da verdadeira felicidade não é medida pela quantidade de aprovação que recebemos, mas pela profundidade de nosso amor-próprio e nossa relação com Deus. O círculo vicioso da busca por validação pode ser rompido quando reconhecemos nossa necessidade de cura e nos entregamos ao amor transformador de Cristo. Mesmo fazendo parte do corpo de Cristo, não estamos imunes às feridas emocionais. Precisamos ser honestos sobre nossas necessidades e confiar que Deus, em sua infinita misericórdia, pode nos curar. Aprendi que a cura não é um evento isolado, mas um processo contínuo. Cada dia é uma oportunidade de renovar a mente e o espírito, de reforçar nossa identidade em Cristo e desenvolver uma autocompaixão que reflete o amor de Deus por nós. Enfrentar nossas dores e fraquezas não nos torna menores; pelo contrário, abre caminho para que a força de Deus se manifeste em nossas vidas. Nesse processo descobri que a verdadeira força reside na vulnerabilidade e na dependência total de Deus. O amor-próprio saudável não é egoísmo, mas uma expressão do amor de Deus que habita em nós. Quando nos amamos de maneira saudável, honramos o Criador, que nos fez à sua imagem e semelhança. Permitir-se ser amado por Deus, aceitar suas promessas e viver conforme sua vontade é o maior ato de amor que podemos ter por nós mesmos. É também o alicerce para construir relacionamentos saudáveis e impactar a vida daqueles ao nosso redor com a luz de Cristo. Por fim, percebi que a verdadeira cura vem quando nos rendemos completamente ao Senhor e permitimos que Ele trabalhe em nossas vidas. Não há vergonha em reconhecer nossas fraquezas; há força em admitir nossa dependência de Deus. A jornada de cura e autoconhecimento é um testemunho contínuo do poder redentor de Cristo e de sua capacidade de transformar nossas cicatrizes em belas histórias de vitória.

A verdadeira felicidade não está distante; ela é encontrada na aceitação de quem somos em Cristo e no amor próprio que isso inspira. Nessa jornada, encontrei uma paz e uma alegria que transcendem as circunstâncias e espero que minha história possa inspirar outras a também buscar essa transformação profunda e duradoura.

Não importa quantas vezes nos sentimos vulneráveis ou abatidos, nosso Deus permanece fiel, como um Pai zeloso e protetor, sempre nos sustentando com Seu amor inabalável.

(Vanessa Menezes)

CAPÍTULO 5

Encontrando força nas adversidades

A vida adulta trouxe desafios que nunca imaginei enfrentar. Momentos de crise e reflexão se tornaram comuns, e foi durante esse período que tive meu primeiro contato com a depressão. Este capítulo é uma jornada sincera pelas minhas dúvidas, medos e a descoberta do amor incondicional de Deus.

MOMENTOS DE CRISE E REFLEXÃO

Quando sofri meu primeiro aborto espontâneo, foi como mergulhar em um abismo sem fundo. Não tinha forças para encarar a rotina da vida cotidiana. Não conseguia me erguer ou sequer sair do quarto. Os dias foram passando, e o sentimento de tristeza e dor não diminuía. Ao contrário, começou a tomar proporções mais profundas e intensas, fugindo ao meu controle. Eu tentava orar, mas as palavras não vinham. Então ouvi um comentário infeliz de um parente, que disse que eu nunca estivera grávida. Aquele momento me fez vivenciar o ditado: quando a gente acha que chegou ao fundo do poço, descobre que sempre pode ir mais fundo. Nesse momento, pensamentos de morte tomaram conta de mim. Eu não conseguia pensar em mais nada; tentava, mas era inútil. Em uma tarde, comecei a ter ataques ainda mais fortes na minha mente, dizendo: "Você não vai fazer falta, ninguém te ama, você nunca vai ser mãe". Esses pensamentos não paravam, e, com a dor profunda que sentia, fui tomada por um desespero. Procurei todos os comprimidos que havia em casa e tomei. Acordei no hospital, fazendo lavagem estomacal. Ao passar com o médico, precisei contar o motivo que me levou a tal atitude e recebi o diagnóstico de depressão. Na época, era um assunto pouco abordado, e alguns tratavam como "frescura". Ao sair do hospital, uma mistura de vergonha e desespero me acompanhava. A palavra "depressão" ecoava em minha mente, um rótulo que parecia carregar um estigma insuportável. Para muitos, aquilo não passava de uma "frescura", mas para mim era uma luta diária e invisível. Então comecei a perceber que precisava de ajuda. Minha mãe, que sempre foi uma rocha em minha vida, me incentivou a buscar apoio. Inicialmente, relutei. Admitir que precisava de ajuda era um desafio, mas sabia que sozinha não conseguiria. Procurei ajuda e, com o tempo, comecei a enxergar uma luz no fim do túnel. Foi um processo doloroso, em que cada dia me fazia reviver memórias difíceis, mas também me ajudava a compreender minhas emoções e encontrar maneiras de lidar com elas. Essa vulnerabilidade abriu portas para receber apoio e oração, algo que foi fundamental para minha recuperação.

Descobri que a transformação não acontece de um dia para o outro. Ela é construída por meio de pequenos atos de fé e esperança. Comecei a passar mais tempo em oração e leitura da Bíblia, buscando consolo nas promessas de Deus. Um versículo que me tocou profundamente foi 1 Samuel 16:7: "O Senhor não vê como o homem vê. O homem vê a aparência, mas o Senhor vê o coração". Esse lembrete de que Deus vê além das minhas fraquezas e enxerga meu verdadeiro eu trouxe uma nova perspectiva para minha luta.

Além disso, comecei a praticar a gratidão. Mesmo nos dias mais sombrios, esforçava-me para encontrar algo pelo qual ser grata. Esse exercício simples ajudou-me a mudar o foco das minhas dores para as bênçãos, pequenas ou grandes, que Deus continuava a derramar sobre mim.

Outro passo importante foi conectar-me mais profundamente com a comunidade cristã. Participar de grupos de apoio e estudos bíblicos me proporcionou um senso de pertencimento e encorajamento. A comunhão com outros cristãos que também enfrentavam suas próprias batalhas me lembrou que eu não estava sozinha e que, juntos, podemos carregar nossos fardos. Apesar de ter sentido como se Deus tivesse me abandonado, aos poucos, comecei a entender que Ele estava ali o tempo todo, esperando para me amparar. Nas palavras da Bíblia, encontrei consolo e força. Versículos, como "O Senhor está perto dos que têm o coração quebrantado e salva os de espírito abatido" (Salmos 34:18), tornaram-se meu alicerce. O caminho da recuperação foi longo e cheio de altos e baixos. Aprendi que não há problema em pedir ajuda e que a depressão não define quem eu sou. Hoje, ao olhar para trás, vejo que as cicatrizes dessa fase são marcas de batalhas vencidas. Aceitei o mover que Deus estava fazendo em minha vida. O aborto, apesar de ter sido uma das maiores dores que já experimentei, me ensinou sobre a fragilidade e a força da vida. Não colecionei essa história de dor, mas sim o testemunho de superação que dela surgiu.

Encontrar força nas adversidades não foi um processo linear ou fácil, mas foi durante minhas crises mais profundas que experimentei o amor transformador de Deus de maneira mais intensa. Minha luta com a depressão me ensinou que, mesmo quando duvidamos, Deus permanece fiel e presente. Ele não nos vê como o homem vê; Ele nos vê com olhos de amor e compaixão.

Minha história é um testemunho de que, em meio às adversidades, podemos encontrar uma força que não vem de nós mesmos, mas de um Deus que nos sustenta e nos renova. Pequenos passos de fé, oração, gratidão e comunhão foram os pilares que me ajudaram a emergir da escuridão e a encontrar uma nova esperança. Espero que minha jornada inspire outros a buscar essa mesma transformação e a confiar que, mesmo nas tempestades, Deus tem um plano e está trabalhando para nosso bem.

Em meio à busca pelo seu ministério, lembre-se de que Deus já plantou em você todas as sementes necessárias. Permita-se escutar Seu sussurro, pois é na quietude que o ministério do Pai se revela.

(Vanessa Menezes)

CAPÍTULO 6

O amor incondicional do pai celestial

A caminhada de fé é repleta de momentos de luta, mas também de encontros profundos com Deus, que renovam nossas forças e nos lembram de Seu amor incondicional. Este capítulo é um testemunho de um desses encontros transformadores, um momento em que fui levada a um lugar de intimidade com o Pai celestial, redescobrindo a profundidade da minha fé.

ENCONTROS ESPIRITUAIS

Sempre fui apaixonada pelo ministério de dança. Quando criança, com meus 6 ou 7 anos, dançava todas as músicas que ouvia. Aos 9 anos, íamos à igreja Quadrangular do meu bairro e pedíamos oportunidade aos pastores. Minha prima cantava, e eu dançava. Na época, nossa referência eram as meninas que dançavam nos shows do Diante do Trono, mas, todas as vezes que ouvia um louvor, surgia uma coreografia na minha mente. Foi só na 7ª série que meus pastores da época perceberam que a dança era realmente meu ministério. Fui convidada para fazer uma apresentação na feira de artes da minha escola. Lembro que convidei as meninas da igreja, e fizemos uma coreografia. Apresentamos uma dança sobre arrependimento e o grande amor do ABBA. Ao final daquele dia, muitos professores e alunos vieram falar conosco, perguntando onde era a igreja que frequentávamos.

Alguns estavam chorando, dizendo que estavam afastados e foram tocados pelo Espírito Santo. Foi quando percebi que aquela tinha sido minha primeira evangelização por meio da dança. A partir daquele dia, encontrei uma maneira de expressar meu amor por Deus e de servir à minha igreja com alegria e dedicação. Cada movimento, cada coreografia, era uma oferta de louvor ao Senhor, e em um evento para mulheres experimentei um encontro espiritual que mudou minha vida para sempre.

O evento foi preparado com muito cuidado, com palestras, louvor e momentos de oração voltados para mulheres que buscavam renovar sua fé. Estava ansiosa, pois sabia que seria uma oportunidade única para compartilhar minha paixão pela dança e meu amor por Deus. Durante a preparação, oramos fervorosamente, pedindo a presença do Espírito Santo para guiar nossos movimentos e tocar os corações das participantes. Quando chegou nossa vez de ministrar, algo extraordinário aconteceu. À medida que a música tocava, e eu começava a dançar, sentia uma presença tão forte do Espírito Santo que fui completamente tomada por ela.

Era como se uma força maior estivesse movendo cada parte do meu ser. As palavras da música penetravam fundo na minha alma, e cada passo que dava parecia ser guiado pelo próprio Deus.

Não conseguia mais seguir os passos planejados. Fui submersa em uma experiência de adoração tão profunda que todas as técnicas e coreografias se tornaram irrelevantes. Estava na sala do trono de Deus, sentindo Seu amor e Sua paz de uma maneira que nunca havia experimentado antes. O ambiente ao meu redor desapareceu, só restava a presença do Pai. Fui levada a um lugar de entrega total, onde as palavras não eram necessárias, e minha alma estava em completa comunhão com o Criador. Foi lindo, foi leve, como se estivesse flutuando em um mar de graça.

Quando a música terminou, abri os olhos e vi muitas mulheres chorando, algumas de joelhos, outras levantando as mãos em adoração. Depois da apresentação, muitas vieram falar comigo, compartilhando como tinham sido profundamente tocadas pela dança. Algumas contaram suas histórias de dor e superação, outras falaram sobre como se sentiram renovadas e encorajadas a buscar mais de Deus. Uma em particular me disse que, naquele momento, decidiu entregar sua vida a Cristo. A emoção que senti ao ouvir esses testemunhos é indescritível. Percebi o verdadeiro poder do ministério de dança. Não era apenas uma expressão artística, mas uma forma poderosa de evangelização e cura. Desde aquele dia, dediquei-me ainda mais a usar meu dom para glorificar a Deus e tocar vidas. Cada apresentação se tornou uma oportunidade de levar a mensagem de amor, perdão e redenção do nosso Senhor. Essa experiência reforçou em mim a convicção de que Deus nos dá talentos não apenas para nossa satisfação pessoal, mas também para sermos instrumentos em Suas mãos, para levar esperança e transformação ao mundo. Por meio da dança, pude ver como o Espírito Santo pode agir de maneiras surpreendentes, trazendo cura e restauração a corações feridos. Assim, continuarei a dançar, sabendo que cada movimento é uma declaração do amor incondicional de Deus por nós, e que, por meio dessa arte, posso ser uma luz para aqueles que ainda estão nas trevas.

A REDESCOBERTA DA FÉ

Esse encontro espiritual profundo teve um impacto tremendo em minha vida. Ao sair daquele momento de adoração, senti como se tivesse renascido. Minha fé foi renovada, e uma nova paixão por Deus queimava em meu coração. Entendi, de forma ainda mais clara, o quanto o Pai celestial nos ama incondicionalmente e deseja que experimentemos Sua presença de forma real e tangível.

Esse momento também trouxe uma nova perspectiva sobre meu ministério de dança. Compreendi que não se trata apenas de movimentos bem ensaiados, mas de uma conexão genuína com Deus que transcende a técnica. A dança se tornou uma expressão ainda mais profunda da minha fé, uma maneira de levar outras pessoas à mesma experiência de encontro com o Pai que tive.

A redescoberta da minha fé não se limitou a esse evento. Ela continuou a crescer à medida que busquei mais intimidade com Deus mediante a oração, o estudo da Bíblia e a comunhão com outros crentes. Cada momento de quietude e reflexão se transformou em uma oportunidade de ouvir a voz de Deus e sentir Seu toque suave.

O amor incondicional do Pai celestial é uma realidade que transforma vidas. Meu encontro espiritual durante aquele evento para mulheres foi uma lembrança poderosa de que Deus nos chama a uma comunhão profunda com Ele, na qual podemos encontrar cura, renovação e propósito. Esse encontro não foi apenas um momento isolado, mas o início de uma jornada contínua de redescoberta da fé e de uma vida vivida em intimidade com o Criador.

Minha experiência me ensinou que Deus deseja que todos nós experimentemos Sua presença de maneira real e pessoal. Ele nos chama para além das aparências e das práticas externas, para um relacionamento de coração a coração. Espero que minha história inspire outros a buscar esses momentos de encontro com o Pai, confiando que Ele sempre está pronto para nos receber com braços abertos e nos levar a lugares profundos de Seu amor.

Este capítulo é um testemunho da beleza e do poder do amor de Deus, um amor que nos encontra onde estamos e nos leva a alturas inimagináveis. Que possamos sempre buscar e valorizar esses encontros espirituais, permitindo que eles transformem nossas vidas e nos aproximem cada vez mais do coração do Pai celestial!

Mesmo quando sentimos que falta algo em nós, Deus, com todo o Seu amor, está preenchendo as lacunas e nos transformando de dentro para fora.

(Vanessa Meneses)

CAPÍTULO 7

Abraçando a verdadeira identidade

A jornada de autoconhecimento e transformação espiritual é contínua e profunda, e, mesmo vivendo em Deus, muitas vezes enfrentamos lacunas emocionais que parecem impossíveis de preencher. Neste capítulo, compartilho a história de como procurei e encontrei meu pai biológico e como essa experiência me levou a abraçar minha verdadeira identidade em Cristo, culminando em uma transformação completa e autêntica.

A TRANSFORMAÇÃO FINAL

Durante muitos anos, mesmo estando firmemente enraizada na fé, havia uma parte de mim que se sentia incompleta. Essa lacuna era a ausência do meu pai biológico. Embora soubesse intelectualmente que Deus é um Pai que nunca nos abandona, conforme está escrito em Isaías 49:15: "Ainda que uma mãe se esqueça do seu filho, eu nunca me esquecerei de você", essa verdade não parecia se manifestar plenamente em meu coração.

Minha busca pelo meu pai foi uma jornada longa e emocionalmente desgastante. A sensação de incompletude me acompanhava, influenciando minhas emoções e minha visão de mim mesma.

Quando finalmente o encontrei, foi durante a pandemia, apenas para fazer o exame de DNA. Passamos a tarde tentando nos conhecer, mas eu precisava voltar para minha cidade. Depois disso, nosso contato foi diminuindo gradativamente. A aproximação que tanto desejava não se concretizou, e isso me desanimou. No entanto, foi a partir dessa experiência que compreendi, de maneira clara e profunda, o amor incondicional do nosso Pai celestial. Percebi que, embora as relações humanas possam falhar, nos decepcionar e deixar com um vazio, o amor de Deus é completo, perfeito e suficiente para preencher qualquer lacuna em nossos corações. Essa jornada me ensinou a valorizar o relacionamento que tenho com Deus acima de tudo. A cada momento de frustração e dor, Ele estava ali, me amparando, me curando e me mostrando que eu não estava sozinha. Aprendi a perdoar, a mim mesma e ao meu pai, e a confiar plenamente na vontade de Deus para a minha vida. Entendi que, mesmo quando não encontramos o que buscamos nas pessoas ao nosso redor, podemos encontrar tudo o que precisamos em Deus.

Seu amor é constante e imutável, e é Ele quem nos completa verdadeiramente. Essa experiência foi um lembrete poderoso de que meu valor e identidade estão firmemente estabelecidos no amor de Deus, e não nas imperfeições das relações humanas.

Ao aceitar que a relação com meu pai biológico não seria perfeita, comecei a perceber a plenitude do amor de Deus por mim. Ele sempre esteve presente, cuidando de mim, mesmo quando eu não conseguia enxergar isso. Esse entendimento trouxe uma paz profunda e me permitiu finalmente viver a transformação completa que Deus havia planejado para mim.

O CAMINHO PARA A AUTENTICIDADE

A transformação em minha vida foi tão evidente que as pessoas ao meu redor notaram. Amigos e familiares que me conheciam desde criança diziam ao meu esposo que eu havia mudado completamente. Eles observavam minha nova postura, minha alegria e a paz que irradiava de mim. Foi um processo tão completo que até hoje aquece meu coração saber que vivo essa mudança.

O que me ajudou a abraçar essa nova identidade foi a decisão consciente de permitir que Deus operasse em minha vida. Lembro-me de ler um livro sobre o Espírito Santo, no qual aprendi que, embora seja Ele quem nos convence do pecado, nós também precisamos fazer nossa parte, aceitando a mudança e vivendo-a plenamente. Essa aceitação e entrega ao processo de transformação foram cruciais para a renovação da minha vida.

Hoje, olhando para trás, vejo o quanto Deus transformou minha vida e curou minhas feridas. Ele me deu um novo nome e uma nova identidade. Sou filha, esposa, empresária, amiga, líder e, em alguns momentos, conselheira. Cada um desses papéis reflete a obra de Deus em minha vida e a transformação que Ele realizou em mim.

Abraçar minha verdadeira identidade em Cristo foi um processo de autoconhecimento, cura e transformação. A busca pelo meu pai biológico, embora inicialmente dolorosa, me levou a compreender de maneira mais profunda o amor incondicional de Deus. Essa compreensão me permitiu aceitar minha identidade como filha de Deus e viver a transformação completa que Ele desejava para mim.

Minha história é um testemunho de que, mesmo quando sentimos que algo está faltando, Deus está sempre trabalhando em nossas vidas, preenchendo as lacunas e nos transformando de dentro para fora. A decisão de aceitar e viver essa mudança é nossa, mas a obra é dEle. Hoje, sou grata por cada passo dessa jornada e pelas inúmeras maneiras pelas quais Deus me moldou e me preparou para ser quem sou agora.

Espero que minha história inspire outros a buscar e aceitar a transformação que Deus oferece. Ele nos dá um novo nome, cura nossas feridas e nos leva a viver uma vida plena e autêntica. Que possamos sempre lembrar que somos amados e cuidados pelo nosso Pai celestial e que Ele tem um plano perfeito para cada um de nós!

Nas horas mais difíceis, lembre-se que o amor grandioso de Deus Pai te envolve, transformando cada lágrima em força e cada desafio em um testemunho da Sua fidelidade eterna.

(Vanezza Menezes)

CAPÍTULO 8

Curando feridas profundas

Completar 35 anos deveria ser um marco de celebração e gratidão por tudo o que Deus tem feito em minha vida. No entanto, ao receber o diagnóstico de carcinoma intraductal, um câncer de mama em estágio metastático, minha vida deu uma reviravolta inesperada. Este capítulo é um testemunho de minha luta recente, das ferramentas emocionais que utilizei para buscar cura e do poder transformador do perdão. A dádiva do milagre!

FERRAMENTAS DE CURA EMOCIONAL

Quando recebi o diagnóstico, minha reação inicial foi de calma. Meu esposo e eu oramos e entregamos a situação nas mãos do Senhor. Mantive minha fé, seguindo todas as orientações médicas, realizando exames e iniciando o tratamento necessário. No entanto, quando o diagnóstico piorou, fui abalada profundamente. A cada sessão de quimioterapia, lutava para manter uma atitude positiva, mas a batalha emocional era intensa.

Em uma madrugada, fui despertada por um som que me fez orar. Durante essa oração, tive uma visão que transformou minha perspectiva. Vi um corpo humano cheio de hematomas e feridas abertas. A cada vez que esse corpo dizia que perdoava algo ou alguém, uma ferida era cauterizada e um hematoma desaparecia. Essa visão me levou a recordar inúmeras lembranças dolorosas do passado e do presente. Decidi seguir o exemplo do corpo que vi na visão e comecei a perdoar, de coração, todas as mágoas acumuladas ao longo dos anos.

Essa experiência me ensinou que a cura emocional é tão importante quanto a cura física. O perdão se revelou como uma ferramenta poderosa para liberar meu coração de fardos que talvez eu nem soubesse que carregava. Essa prática de perdão contínuo trouxe uma paz interior que não poderia ser alcançada de outra forma.

Além disso, compreendi que a cura emocional é um processo contínuo e necessário para o crescimento espiritual. Cada ato de perdão não só aliviava minha dor, mas também me aproximava mais de Deus, que nos chama para viver em plenitude e liberdade. Aprendi que, ao perdoar, estou permitindo que o amor de Deus flua por intermédio de mim, curando as feridas e transformando as cicatrizes em testemunhos de sua graça e misericórdia. Essa jornada também me mostrou que, mesmo nas adversidades mais intensas, podemos encontrar forças para nos renovar e crescer. A cada obstáculo superado, nossa fé se fortalece, e nossas vidas se enchem de significado e propósito.

O PAPEL DO PERDÃO

O papel do perdão em minha jornada foi crucial. A visão que tive me mostrou claramente que muitas de minhas feridas emocionais estavam impedindo minha cura completa. Ao perdoar, liberei mágoas e ressentimentos que haviam se enraizado profundamente em meu coração. Esse ato de perdão não foi fácil, mas foi essencial para minha transformação. Após essa experiência, continuei minha vida com uma nova convicção. Não buscava apenas a cura física, desejava que a vontade de Deus se cumprisse em mim, fosse ela qual fosse. Declarava em minhas orações que, para vida ou para morte, eu estava em paz. No entanto, Deus tinha outros planos para mim. Um dia, uma amiga insistiu incansavelmente para que eu assistisse a um culto ao vivo. Eu estava medicada e dormindo, mas, após muita persistência, ela mandou o link do culto para meu esposo. Quando acordamos e começamos a assistir, a adoração estava acontecendo. Imaginei-me dançando na igreja e, milagrosamente, meu braço esquerdo, que antes não podia ser tocado, começou a se mover. Senti uma força indescritível e comecei a pular e dançar. Meu esposo e eu estávamos emocionados, sem compreender plenamente o que estava acontecendo, mas sabendo que era um milagre. Essa experiência reafirmou a importância de viver cada dia com gratidão e propósito. Nunca sabemos quanto tempo temos para servir a Deus e mostrar Seu amor aos outros. Foi um lembrete de que a vida é um presente precioso, e cada momento é uma oportunidade para glorificar a Deus. Desde então, tenho buscado viver com uma fé renovada, sabendo que, mesmo nos momentos mais difíceis, Deus está presente, operando milagres e cumprindo Seus propósitos em minha vida.

A jornada de cura emocional e física é complexa e desafiadora, mas mediante a fé, o perdão e a entrega total a Deus, encontrei uma paz que transcende o entendimento. Meu testemunho é uma lembrança de que, mesmo nas circunstâncias mais difíceis, podemos encontrar esperança e propósito.

Vivendo a vontade de Deus, percebi que não precisamos ser pastores, missionários ou palestrantes para cumprir nosso propósito. Podemos expressar o amor de Deus por meio de nossos testemunhos, gestos de amor e caridade. O sacrifício de Jesus nos deu a oportunidade de viver uma vida abundante em Deus. Todos os dias, quando acordamos, temos a chance de celebrar essa vida e louvar ao Senhor, pois somente os vivos podem adorá-Lo.

No transcorrer da nossa jornada, às vezes não compreendemos as lutas, as dores e frustrações que enfrentamos. No entanto, se refletirmos sobre cada desafio difícil, sempre encontraremos uma vitória subsequente, um testemunho belo para edificar nossos irmãos em Cristo e testificar a grandeza de Deus. Não fomos escolhidos para ser vítimas, mas para sermos soldados no grande exército de Cristo. Mais que isso, somos filhos e amigos de Deus (João 15:15). Portanto, não fixemos nossos olhos apenas

nas provações aparentes, mas olhemos para o céu, de onde vem o nosso socorro (Salmo 121:1-2).

Cada cicatriz é uma marca de coragem e uma prova de que você nunca desistiu. À medida que avançamos, as feridas se transformam em testemunhos de força, e as dificuldades se tornam trampolins para a grandeza.

(Vanessa Menezes)

CAPÍTULO 9

Encontrando propósito na vida

A vida é uma jornada cheia de altos e baixos, mas é nos momentos mais desafiadores que muitas vezes encontramos nosso verdadeiro propósito. Este capítulo é um testemunho da importância de entender sua missão e seu propósito em Deus. Se eu não tivesse passado pela experiência do câncer, jamais compartilharia meu testemunho de forma tão profunda e aberta. Quero ressaltar a importância de identificar nossos valores e missão pessoal, bem como de compartilhar histórias inspiradoras de propósito.

INDENTIFICAÇÃO DE VALORES E MISSÃO PESSOAL

Entender o propósito de Deus para nossa vida é fundamental para viver uma vida plena e significativa. Sempre tive receio de compartilhar minha história, especialmente sobre minha infância e adolescência. Tinha medo do julgamento e da incompreensão das pessoas que me conhecem hoje. Porém, ao enfrentar o câncer, percebi a importância de abrir meu coração e compartilhar meu testemunho. Um testemunho gerado no secreto da dor e da oração. Foi nesse período de intensa batalha que compreendi que minha história não era apenas minha; ela pertence a Deus. Ele me mostrou que cada cicatriz que carrego é uma marca de Sua fidelidade e amor. Minhas feridas foram curadas por Suas mãos e se transformaram em testemunhos vivos de Sua graça e poder. Abrir meu coração foi libertador.

Quando deixei de lado o medo do julgamento e da incompreensão, encontrei pessoas que também estão lutando em silêncio. Descobri que minha vulnerabilidade poderia ser um canal para a cura de muitos. Meu testemunho passou a ser uma luz nas trevas para aqueles que ainda não tinham encontrado a esperança. Cada lágrima derramada, cada momento de angústia e cada oração desesperada foram usados por Deus para moldar-me e fortalecer-me. Ele transformou meu choro em dança e meu lamento em júbilo. Ao compartilhar minha jornada, percebi que Deus estava moldando minha vida para impactar outras vidas. Hoje, entendo que Deus permite que passemos por dificuldades não para nos punir, mas para nos preparar para algo maior. Ele nos capacita em meio às adversidades e nos ensina a confiar Nele de maneira mais profunda. Meu testemunho é prova de que, mesmo nas piores tempestades, Deus é fiel e está sempre presente.

Foi a partir dessa experiência que compreendi que minha missão vai além das minhas próprias expectativas e medos. Minha história, por mais singela que pareça, tem o poder de inspirar e encorajar outros que estão passando por processos semelhantes. A frase "Só vive o propósito quem suporta o processo" se tornou uma verdade profunda em minha vida.

Percebi que Deus tem um plano para cada um de nós e que enfrentar e superar os desafios faz parte desse plano. Identificar meus valores e minha missão me ajudou a encontrar direção e propósito, mesmo nos momentos mais sombrios.

HISTÓRIAS INSPIRADORAS DE PROPÓSITO

Minha própria história de superação é uma entre muitas que demonstram como enfrentar desafios com fé pode levar a uma vida com propósito. Se eu não tivesse passado pelo câncer, talvez nunca tivesse encontrado a coragem para compartilhar minhas experiências e ajudar outros.

Quando era adolescente, passei por situações difíceis que moldaram quem sou hoje. Superar esses desafios me ensinou sobre resiliência, fé e a importância do perdão. Essas lições foram fundamentais quando enfrentei o diagnóstico de câncer. Percebi que, ao compartilhar minha história, estava cumprindo um propósito maior: encorajar outros a enfrentar suas lutas e confiar em Deus.

A experiência de encontrar meu pai biológico e lidar com as emoções e mágoas associadas a essa busca também fez parte do meu processo de cura e de entendimento do meu propósito. Aprendi que, mesmo quando as coisas não acontecem como esperamos, Deus está sempre presente, guiando-nos e nos moldando para cumprir Seu propósito em nossas vidas.

Histórias inspiradoras de propósito podem ser encontradas em todos os lugares. Por exemplo, conheci uma mulher que, após perder seu emprego, encontrou sua verdadeira vocação em ajudar outras pessoas através de um projeto social. Ela transformou sua dor em um propósito maior, impactando positivamente a vida de muitas pessoas. Essas histórias nos lembram que nossos desafios podem ser trampolins para descobrirmos nossa verdadeira missão.

Encontrar propósito na vida não é uma tarefa fácil e muitas vezes requer passar por processos dolorosos e solitários. No entanto, é nesses momentos de dor que Deus trabalha de maneira mais poderosa em nossas vidas. Ao enfrentar e superar esses desafios, saímos mais fortes, valentes e cheios da graça de Deus.

Meu testemunho é uma prova de que, mesmo nas situações mais difíceis, Deus tem um propósito para cada um de nós. Enfrentei desertos e passei por muita dor, mas tudo isso tinha um propósito maior: compartilhar minha história e encorajar outros a fazerem o mesmo.

Quero deixar para você a mensagem que Deus nos dá em **Jeremias 1:8: "Seja forte e corajoso"**. Não importa quão difícil seja o caminho, lembre-se de que Deus está ao seu lado, guiando-o(a) e fortalecendo-o(a). Viva seu propósito, suporte o processo e tenha a certeza de que, no final, você sairá vitorioso(a).

Cada um de nós tem uma missão única e um propósito especial em Deus. Que possamos abraçar nossa jornada com coragem e fé, confiando que Deus está nos guiando e nos preparando para algo maior. Que nossas histórias de superação sirvam de inspiração para outros, mostrando que, com Deus, podemos vencer qualquer desafio e viver uma vida plena e significativa!

CONCLUSÃO

Reflexões finais e mensagem de esperança e continuidade

REFLEXÕES FINAIS

Ao olhar para trás, para a jornada que compartilhei nestas páginas, vejo um caminho repleto de desafios, transformações e milagres. Minha vida, marcada por dores profundas e vitórias inesperadas, é um testemunho vivo da fidelidade e do amor incondicional de Deus. A busca por validação e a luta com minhas cicatrizes emocionais moldaram minha juventude e me ensinaram a importância do perdão e da autoaceitação. As crises e dúvidas que enfrentei na vida adulta, incluindo a dolorosa experiência com o câncer, trouxeram lições valiosas sobre resiliência, fé e a necessidade de buscar a cura emocional. Encontrar meu pai biológico foi um ponto de virada, ajudando-me a compreender a profundidade do amor de Deus e a aceitar minha verdadeira identidade. A partir dessas experiências, aprendi que nosso propósito muitas vezes se revela nos momentos mais difíceis, quando somos chamados a confiar plenamente em Deus. O aborto espontâneo que sofri e a crise emocional que se seguiu foram momentos de escuridão, mas também de transformação. Foi nesse vale profundo que descobri a força que vem de se agarrar à promessa de que Deus está sempre ao nosso lado, mesmo nas noites mais escuras da alma. Enfrentar a depressão e encontrar uma saída para a luz foi uma jornada que me ensinou que a esperança nunca morre quando confiamos em Deus. Cada cicatriz, cada lágrima, cada momento de desespero se transformou em um testemunho de vitória. Aprendi que não somos chamados para ser vítimas das circunstâncias, mas sim soldados no exército de Cristo, fortalecidos pelo Seu amor e graça. Somos filhos e amigos de Deus, chamados para viver uma vida abundante, cheia de propósito e esperança. Minha história é um lembrete de que, independentemente das adversidades que enfrentamos, há sempre um caminho de volta para a alegria e a paz que só Deus pode proporcionar. Devemos fixar nossos olhos no céu, de onde vem nosso socorro, e lembrar que cada batalha vencida é uma prova do cuidado e da fidelidade do Senhor. Ao concluir esta jornada, minha oração é que minha história inspire você a reconhecer a presença de Deus em cada aspecto da sua vida, a abraçar suas cicatrizes como símbolos de superação e a confiar que, mesmo nos momentos mais sombrios, Deus está moldando-o(a) para um propósito maior. Não colecione histórias de dor, mas sim testemunhos de vitórias que contará. Aceite o mover que Deus está fazendo em sua vida e permita-se ser transformado pela Sua graça.

MENSAGEM DE ESPERANÇA E CONTINUIDADE

Meu testemunho é uma prova de que, mesmo nas situações mais desafiadoras, Deus tem um plano de paz, e não de mal para nós. Como está escrito em Jeremias 29:11: "Porque bem sei os pensamentos que tenho sobre vós, diz o Senhor; pensamentos de paz, e não de mal, para vos dar o fim que esperais". Essa promessa tem sido uma âncora em minha vida, sustentando-me nos momentos de incerteza e fortalecendo minha fé. Minha história não termina aqui. Cada capítulo da minha vida é uma preparação para o próximo, e acredito que Deus tem planos ainda maiores para mim e para todos aqueles que confiam Nele. Que este testemunho seja uma fonte de inspiração e encorajamento para aqueles que estão enfrentando suas próprias batalhas! Que possam encontrar esperança e conforto na certeza de que Deus está conosco em todos os momentos, guiando-nos em direção a um futuro cheio de promessas e propósito! Mesmo nos momentos de silêncio, quando parece que nossas orações não são respondidas, Deus está trabalhando. Pense nos grandes heróis da Bíblia: José foi vendido como escravo, mas se tornou governador do Egito; Moisés fugiu para o deserto, mas liderou o povo de Israel para a liberdade; Davi, antes de ser rei, enfrentou gigantes e perseguições. Cada um deles enfrentou desafios, mas foi exatamente mediante essas dificuldades que foram moldados para cumprir o propósito de Deus em suas vidas. Da mesma forma, nossas lutas diárias, sejam elas grandes ou pequenas, são oportunidades para crescermos em fé e dependência de Deus. Cada dificuldade superada é um testemunho da graça e do poder de Deus operando em nós. Devemos abraçar cada momento com gratidão, sabendo que nada é em vão e que todas as coisas cooperam para o bem daqueles que amam a Deus (Romanos 8:28). Que possamos continuar a viver nossas vidas com gratidão, coragem e fé, celebrando cada dia como um presente de Deus! Que possamos ser luz e amor no mundo, compartilhando o amor transformador que recebemos! Que a paz de Deus, que excede todo entendimento, guarde nossos corações e mentes em Cristo Jesus!

Em nome de Jesus, amém.

Sobre a autora

    Vanessa Vieira é uma mulher de fé, resiliência e determinação. Nascida em Cuiabá, Mato Grosso, Vanessa é empresária, palestrante e autora cristã, com uma trajetória de vida marcada por grandes desafios e superações.

    Fundadora do projeto "Casa de Salomão", um espaço dedicado a oferecer acolhimento e apoio a mulheres em situação de vulnerabilidade, dependentes químicos e crianças que sofrem violência doméstica, Vanessa utiliza suas próprias experiências de vida para inspirar e transformar a vida daqueles que precisam.

    Vanessa também é estudante de Teologia e Missiologia, áreas nas quais busca aprofundar seu conhecimento e entendimento sobre os propósitos divinos, sempre com o objetivo de impactar vidas e espalhar a mensagem do amor de Deus. Seu testemunho de vitória contra o câncer, a superação do abuso e a busca constante pela cura emocional são narrados com sinceridade e coragem no livro *Além das Cicatrizes*.

    Através de suas palestras e escritos, Vanessa convida seus leitores e ouvintes a não colecionarem histórias de dor, mas sim testemunhos de vitória, reafirmando que em cada adversidade há um mover de Deus pronto para transformar e restaurar.